# Cómo promocionar su libro infantil.

# CÓMO PROMOCIONAR SU LIBRO INFANTIL

Serie "Cómo promocionar"
Por: D.K. Hawkins
Versión 1.1 ~Noviembre 2022
Publicado por D.K. Hawkins en KDP
Copyright ©2022 por D.K. Hawkins. Todos los derechos reservados.

Ninguna parte de esta publicación puede ser reproducida, distribuida o transmitida en cualquier forma o por cualquier medio, incluyendo fotocopias, grabaciones u otros métodos electrónicos o mecánicos, o por cualquier sistema de almacenamiento o recuperación de información, sin el permiso previo por escrito de los editores, excepto en el caso de citas muy breves incorporadas en reseñas críticas y algunos otros usos no comerciales permitidos por la ley de derechos de autor.

Quedan reservados todos los derechos, incluido el de reproducción total o parcial en cualquier formato.

Toda la información contenida en este libro se ha investigado cuidadosamente y se ha comprobado su exactitud. Sin embargo, el autor y el editor no garantizan, expresa o implícitamente, que la información contenida en este libro sea apropiada para cada individuo, situación o propósito y no asumen ninguna responsabilidad por errores u omisiones.

El lector asume el riesgo y la plena responsabilidad de todas sus acciones. El autor no será responsable de ninguna pérdida o daño, ya sea consecuente, incidental, especial o de otro tipo, que pueda resultar de la información presentada en este libro.

Todas las imágenes son de uso gratuito o han sido adquiridas en sitios de fotografías de stock o libres de derechos para su uso comercial. Para la elaboración de este libro me he basado en mis propias observaciones y en muchas fuentes diferentes, y he hecho todo lo posible por comprobar los hechos y dar el crédito que corresponde. En caso de que se utilice algún material sin la debida autorización, le ruego que se ponga en contacto conmigo para corregir el descuido.

*La información proporcionada en este libro tiene únicamente fines informativos y no pretende ser una fuente de asesoramiento o análisis crediticio con respecto al material presentado. La información y/o los documentos contenidos en este libro no constituyen un asesoramiento legal o financiero y nunca deben utilizarse sin consultar primero con un profesional financiero para determinar qué puede ser lo mejor para sus necesidades individuales.*

*El editor y el autor no ofrecen ninguna garantía ni promesa sobre los resultados que puedan obtenerse al utilizar el contenido de este libro. Nunca debe tomar ninguna decisión de inversión sin consultar primero con su propio asesor financiero y realizar su propia investigación y diligencia debida. En la medida en que lo permita la ley, el editor y el autor renuncian a toda responsabilidad en caso de que la información, los comentarios, los análisis, las opiniones, los consejos y/o las recomendaciones contenidas en este libro resulten ser inexactos, incompletos o poco fiables o den lugar a pérdidas de inversión o de otro tipo.*

*El contenido de este libro no pretende constituir ni constituye un asesoramiento jurídico o de inversión, y no se establece ninguna relación abogado-cliente. El editor y el autor proporcionan este libro y su contenido "tal cual". El uso que usted haga de la información contenida en este libro es por su cuenta y riesgo.*

# ÍNDICE DE CONTENIDOS.

Cómo promocionar su libro infantil. ...... 0

ÍNDICE DE CONTENIDOS. ...... 3

INTRODUCCIÓN. ...... 5

CAPÍTULO 1: ESCRIBIR LIBROS PARA NIÑOS. ...... 9

CAPÍTULO 2: EXCELENTES MÉTODOS DE PROMOCIÓN DESPUÉS DE ESCRIBIR SU PRIMER LIBRO PARA NIÑOS PEQUEÑOS. ...... 17

CAPÍTULO 3: AUMENTAR LA VISIBILIDAD DE LOS LIBROS INFANTILES MEDIANTE APARICIONES DE LOS AUTORES. ...... 22

CAPÍTULO 4: LAS RESEÑAS DE LIBROS COMO SU HERRAMIENTA DE PROMOCIÓN MÁS EFICAZ. ...... 27

CAPÍTULO 5: UTILIZAR IMÁGENES DE SU LIBRO PARA LA PROMOCIÓN. ...... 33

CAPÍTULO 6: CÓMO PROMOCIONAR SU LIBRO ELECTRÓNICO PARA NIÑOS MEDIANTE CHARLAS. ...... 41

CAPÍTULO 7: CÓMO CONSTRUIR SU PLATAFORMA DE AUTOR PARA MEJORAR LA PROMOCIÓN DE LOS LIBROS INFANTILES ... 46

CAPÍTULO 8: POR QUÉ ALGUNOS AUTORES NUNCA TIENEN ÉXITO COMO AUTORES INFANTILES. ...... 54

CAPÍTULO 9: DE LAS PRESENTACIONES A LOS CONTRATOS A LA COMERCIALIZACIÓN DE LIBROS A LA PROFESIÓN DE ESCRITOR. ...... 60

CAPÍTULO 10: COMERCIALIZACIÓN DE LIBROS EN LÍNEA. ..........67

CAPÍTULO 11: ASEGÚRESE DE TENER UNA CUBIERTA DE LIBRO NOTABLE. ................................................................................73

CAPÍTULO 12: SUGERENCIAS PARA ENCONTRAR EDITORIALES DE LIBROS INFANTILES. ....................................................................77

CAPÍTULO 13: ESCRIBIR PARA LOS NIÑOS Y GANARSE A LOS PADRES. ................................................................................81

CAPÍTULO 14; IMPULSAR LA VISIBILIDAD DE SU LIBRO INFANTIL AUTOPUBLICADO. ........................................................................85

CAPÍTULO 15: CÓMO CONVERTIR SU LIBRO INFANTIL EN UN ÉXITO DE VENTAS. ...................................................................89

CAPÍTULO 16: UTILIZACIÓN DE CABEZALES PERSONALIZADOS PARA LA PROMOCIÓN. ................................................................94

CAPÍTULO 17: CONSIDERACIONES A TENER EN CUENTA ANTES DE PUBLICAR UN LIBRO ELECTRÓNICO PARA NIÑOS. ................99

CAPÍTULO 18: CONSEJOS DE MARKETING DE LIBROS QUE LE AYUDARÁN A VENDER MÁS EJEMPLARES. ...............................103

CAPÍTULO 19: ERRORES DE PROMOCIÓN DE LIBROS QUE HAY QUE EVITAR. ................................................................................107

CAPÍTULO 20: PROMOCIONA TU LIBRO EN TU BARRIO. ..........114

CONCLUSIÓN. ................................................................................118

# INTRODUCCIÓN.

Para muchos escritores y autores, escribir y publicar un libro infantil es una ambición de toda la vida. Por desgracia, la mayoría de los escritores excelentes no saben o no comprenden las medidas que deben tomar para iniciar el proceso de darse a conocer y publicar, lo que les dificulta cumplir su sueño.

¿Necesita una agencia, un ilustrador, un asistente, un consultor o servicios de marketing de libros?

¿Sabe a qué editoriales infantiles debe enviar su obra en primer lugar para obtener el mayor beneficio y el mejor índice de aceptación?

¿Ha determinado el tipo de libro infantil que pretende escribir?

El sector de la publicación de libros infantiles puede ser difícil de manejar para los desinformados, pero es sencillo para los que tienen conocimientos. Escribir y presentar su obra al mercado es un juego de niños para los que tienen experiencia.

Puede que tengas el próximo libro infantil más vendido, pero si no sabes cómo exponerlo al mercado, seguirás chocando contra las paredes, como la mayoría de los autores infantiles que luchan por conseguirlo y que, trágicamente, no pasan de la fase inicial del proceso de publicación.

Encontrar una persona de confianza que te explique cómo funciona todo el sector será difícil. Los consultores pueden ser costosos y experimentados, y los editores de libros infantiles conocidos rara vez divulgan sus secretos comerciales a otros editores de libros infantiles. Al fin y al cabo, ¿por qué iban a ponerse en una situación en la que podrían perder la fama y los ingresos de su libro?

Sí, hay cientos de publicaciones sobre cómo escribir, promocionar y publicar un libro infantil, pero la mayoría no hacen que el proceso de publicación sea sencillo de comprender. Si sigue la mayoría de los cursos de publicación de libros para niños, descubrirá que son ineficientes y podrían costarle mucho tiempo.

Una fórmula de piloto automático que ningún otro manual de Publicación de Libros para Niños puede igualar. Ningún autor desea peinar cientos de páginas de estrategias y conceptos para la publicación de libros infantiles. Para tener éxito en esta industria del libro infantil, hay que ir al grano y hacer las cosas.

La educación es esencial si quieres escribir, vender, anunciar o publicar un Libro Infantil, ya sea un libro ilustrado o un libro estándar. Cientos de miles de escritores pasan desapercibidos cada año, y muchos libros infantiles de valor incalculable se quedan en las estanterías o nunca se venden a una editorial por falta de conocimientos comerciales. No se encuentre en esta situación.

Debes aprender a dirigirte a tu grupo de edad, a generar ideas para los cuentos, a desarrollar tus personajes, a diseñar un arco argumental, a presentar a tus personajes con descripciones de sus rasgos físicos y de personalidad, a establecer un problema o conflicto y a preparar el escenario para el clímax.

El desarrollo de los personajes, los argumentos, el conflicto y la resolución, y las habilidades de marketing y publicación son necesarios para ser un autor infantil de éxito. Esta GUÍA explora estrategias efectivas para promocionar libros infantiles y convertirse en autores de éxito.

Empecemos.

# CAPÍTULO 1: ESCRIBIR LIBROS PARA NIÑOS.

Como adultos, todos recordamos los libros que leíamos con avidez cuando éramos niños. Recuerdo la alegría que sentía cada viernes cuando volvía corriendo del colegio, sabiendo que mi abuela tendría la siguiente novela de Roald Dahl esperándome. Los Twits y El BFG son cuentos que nunca olvidaré. Como estoy seguro de que lo serán para muchos otros niños de los años ochenta.

A la luz de esto, me molesta cuando la gente insinúa que crear un libro para niños es una simple alternativa o un peldaño para escribir una novela para adultos. Cuando se produce un libro para niños, hay que tener mucho en cuenta, sobre todo teniendo en cuenta lo susceptibles que son los niños a las influencias externas.

Es importante comprender el impacto que la escritura y los temas del libro tendrían en el niño. Escribir una novela para niños es más restringido que escribir para adultos.

Hay que tener muy en cuenta el tema, la terminología y la extensión. Un niño es impresionable e investigará las perspectivas e ideas de los libros, que invariablemente influirán en su propia vida. El lenguaje y el vocabulario del niño influirán en su inteligencia y en su escolarización. Por tanto, esto también debe evaluarse adecuadamente.

Por eso, escribir un libro para niños es extremadamente difícil y requiere mucho tiempo de investigación. Así que, si el tema, el vocabulario y la extensión siguen las directrices paternas y educativas, es el momento de comprometerse y conectar con el público al que va dirigido: el niño.

En determinadas circunstancias, un joven puede ser el peor crítico de un adulto. Con su ingenuidad, seguro que muestran la sinceridad y el sentimiento genuino en estado puro al leer su obra.

Todavía no han aprendido la capacidad de comunicar una crítica constructiva de forma educada; en su lugar, hablan desde el corazón como les parece.

Adentrarse en el campo de la escritura para niños suele ser un empeño ridículo e intrusivo. Por lo tanto, lo primero que debes hacer es investigar. Su libro será evaluado por los adultos que exploran el desarrollo infantil a través de la literatura, incluidos los padres, los profesores, el gobierno y los editores. Los lectores individuales evaluarán su novela.

Sólo entonces podrás dar rienda suelta a tu talento de escritor creativo. El mundo de la escritura de libros para niños puede ser difícil, pero será un oficio satisfactorio cuando lo consigas, y los niños de todo el mundo leerán y amarán tu libro increíblemente inventivo.

Para escribir un libro infantil se necesita una gran imaginación, inventiva con las palabras y celo. El elemento más esencial es la capacidad de percibir a través de los ojos de un niño. Por lo tanto, hay que realizar un estudio previo.

La creación de material de entretenimiento para un niño necesita una perspectiva novedosa y curiosa del mundo. Para que un niño se involucre plenamente, se entusiasme y se interese por su libro, éste debe ser afín a él.

¿Qué les interesa a los niños de hoy?

¿Qué les gusta y qué no les gusta?

¿Qué palabras utilizan para comunicarse entre ellos?

¿Qué libros leen?

¿Con qué juguetes juegan?

¿Qué canciones les gustan?

¿Qué ropa llevan?

¿Qué revistas compran?

¿A qué tienen miedo? ¿Y qué les emociona?

A partir de ahí, podrá determinar el tipo de escritura que llegará eficazmente a su público objetivo y hará famoso su libro.

Después de investigar exhaustivamente las preferencias de los niños, puedes pasar a la trama. Esta sección requiere el uso de tu talento, energía e ingenio.

Es la consideración más crucial. Debe determinar el tipo de libro que desea escribir, los temas que desea explorar, los mensajes que quiere transmitir y el resultado deseado. Muchos autores son partidarios de desarrollar sus libros a través de talleres participativos, y si se trata de un concepto empresarial, pueden aparecer productos y secuelas.

Por lo tanto, todo esto tendrá que determinarse mientras se crea la narrativa. Asegúrese de que su decisión es coherente con la investigación que ha realizado. Incluya incluso referencias a las novelas que disfrutaba de niño y a la literatura actual. Mientras escribes tu historia, es crucial recordar que los niños tienen una capacidad de atención más corta y menos concentración que los adultos.

Como escritor, es esencial mantener la literatura como una forma de entretenimiento actual a la par que la Xbox y la PlayStation. Por lo tanto, una historia debe ser básica y sencilla para captar su atención inmediatamente. Por último, debe ser relevante, divertida y amena.

El lenguaje y el vocabulario utilizados en la literatura infantil son también esenciales para desarrollar su inteligencia y concentración. Es beneficioso aumentar el vocabulario mediante la lectura, pero si un niño no puede leer las palabras, perderá el interés y la concentración. Evitar frases complejas que un niño pequeño no pueda comprender es ventajoso.

Según las investigaciones, un joven no valora más que unas pocas palabras por frase. Este es un consejo importante para un escritor principiante, ya que es sencillo arriesgarse a embellecer y elaborar los textos debido a la experiencia previa en la escritura.

Un libro debe inspirar un desarrollo intelectual, personal y emocional constructivo, por lo que no debe contener jerga, malas palabras o temas inapropiados. La escritura debe ser de la más alta calidad y del nivel apropiado para el rango de edad, y debe inspirar a los jóvenes lectores a apreciar su lenguaje y a desear leer más.

Los temas que se eligen para incorporar a la narración son cruciales y muy diversos. Un libro puede animar eficazmente a los niños a adoptar e implementar afirmaciones positivas en su propia vida. Siempre que el cuento tenga un final feliz, el libro afectará positivamente a la visión de la vida del niño. Hay demasiadas influencias negativas que afectan a su vida a medida que crecen.

A un niño le encantará que sus personajes vivan felices para siempre, lo que les animará a enfrentarse a sus retos con optimismo. Los personajes deben tener atributos positivos, como el valor, el humor y la honestidad, que los niños puedan emular.

La literatura es útil para inspirar a los niños de forma positiva y saludable y proporcionarles evasión y diversión. Esto, junto con los elementos mencionados, es necesario para escribir un libro infantil de éxito. Mientras se establezca un mundo brillante, feliz y colorido y los temas sean significativos para un joven, estoy seguro de que será apreciado.

Animo con entusiasmo a todos los que lean esto y crean que pueden escribir un libro infantil a que lo hagan. Necesitamos el mayor número de autores infantiles influyentes que publiquen activamente para mantener viva esta forma de inspiración y desarrollo infantil.

# CAPÍTULO 2: EXCELENTES MÉTODOS DE PROMOCIÓN DESPUÉS DE ESCRIBIR SU PRIMER LIBRO PARA NIÑOS PEQUEÑOS.

Los libros infantiles son un género que la publicación electrónica nunca suplantará del todo. El kindle nunca podrá competir con la naturaleza táctil de los libros infantiles populares.

La mayoría de los libros contienen páginas gruesas y duraderas, materiales dentro o sobre las páginas, e imágenes desplegables; algunos son impermeables. La producción de estos libros es muy costosa, y la categoría es extremadamente competitiva, por lo que si es usted un autor novel de libros para niños muy pequeños, debe tener siempre presente el marketing.

Utilice folletos táctiles para promocionar sus libros.

Una muestra de sus escritos es la herramienta de promoción más eficaz para un libro. Hay que ser especialmente ingenioso a la hora de elaborar folletos con un pequeño extracto de su obra para distribuirlos entre editores y lectores.

Si se hace una red de contactos eficaz, los folletos interesantes ayudarán a la promoción de su libro. Dado que se dirige a los padres de niños pequeños, su folleto debe ser realmente impresionante.

Experimente con el diseño del folleto y pregunte a una imprenta local o en línea si pueden añadir algo llamativo, como una lámina o un revestimiento de espejo, a la página. Si selecciona un ejemplo de escritura que se relacione con esto, los niños disfrutarán del folleto cuando se les presente.

Las pegatinas son siempre populares entre los niños.

Mientras que los marcapáginas que contienen una muestra de su escrito funcionarían bien con un libro para adultos, la promoción de un libro para niños pequeños necesita un poco más de creatividad. Una imprenta puede ayudarle a diseñar marcapáginas con pegatinas o adhesivos que puedan insertarse en libros o folletos.

Las pegatinas que promocionan sus libros serán más eficaces si presentan un diseño llamativo con el título de su libro y gráficos vivos. Es más probable que los padres valoren favorablemente las novelas en las que sus hijos han demostrado interés.

Insignias para destacar.

Cuando visite a las editoriales o se reúna con los padres en convenciones o ferias del libro, hacer que se produzcan chapas será de gran ayuda. Los botones que representan a un personaje de su novela incitarán a la gente a explorar su folleto. La entrega de chapas a los niños pequeños es una cuestión de seguridad. Sin embargo, la mayoría de los padres permitirán que sus hijos lleven una chapa bajo supervisión.

Retirar el botón antes de lavar las prendas puede hacer que los padres recuerden su folleto. Si los niños recuerdan el botón al día siguiente, aumentará su probabilidad de generar una venta.

Puede reducir el coste comprando botones en blanco al por mayor y buscando un proveedor que le imprima pegatinas económicas. Utilizar las pegatinas para hacer sus botones requerirá cierto esfuerzo.

Folletos de colores.

La mayoría de los niños pequeños no pueden resistirse a la oportunidad de colorear. Por ello, elaborar un folleto para su libro con un espacio para colorear es uno de los métodos más eficaces y rentables para promocionar su libro. El objetivo es hacer que los bordes del folleto sean dinámicos y ágiles para que el centro pida ser coloreado.

Cautivar a editores y lectores.

Esta es la opción más cara, pero te sorprenderá lo barato que puede resultar imprimir grandes cantidades de imanes planos para la nevera. Se puede imprimir en ellos un personaje de tu primer cuento infantil. La gente es menos reacia a abandonar un imán; muy a menudo, se convertirán en un elemento permanente en la nevera de alguien y en el objeto de juego ocasional de los niños.

Al igual que con la idea de la chapa, los imanes de nevera en blanco pueden comprarse al por mayor por una fracción del coste de los producidos profesionalmente. Puedes diseñar tus imanes personalizados encargando hojas de pegatinas. No durarán tanto, pero servirán para la promoción.

# CAPÍTULO 3: AUMENTAR LA VISIBILIDAD DE LOS LIBROS INFANTILES MEDIANTE APARICIONES DE LOS AUTORES.

El compromiso del autor en una campaña de charlas públicas es una técnica probada para difundir la noticia de su libro. Las novelas de los autores que se dedican a dar charlas reciben más atención. Algunos autores han catapultado por sí solos sus obras al estatus de superventas viajando y dando conferencias continuamente por todo el país.

Incluso si un autor no puede viajar y dar charlas a menudo debido a otras obligaciones, esta parte de la comercialización del libro no debe pasarse por alto. Incluso unas pocas charlas ayudarán a los autores a crear un público entregado y a mejorar las ventas de sus libros.

Ponerse en marcha.

Las librerías y bibliotecas locales son excelentes lugares para que los autores empiecen a hablar del tema de sus obras. Muchas librerías (sobre todo Borders y Barnes & Noble) organizan breves seminarios para sus clientes. Las bibliotecas también lo hacen. Después de estos eventos, los autores que aprovechan estas oportunidades pueden aumentar las ventas de sus libros vendiendo ejemplares autografiados de sus obras.

Los autores de no ficción suelen tener un tema de conversación natural. Sin embargo, los autores de libros de ficción y para niños pueden crear oportunidades para hablar. Durante el Mes Nacional de la Alfabetización, por ejemplo, los autores de libros infantiles pueden ofrecerse para leer sus obras en una librería o biblioteca (septiembre).

Un autor de literatura juvenil puede ofrecerse como voluntario para enseñar a los adolescentes un breve curso de escritura de ficción en una biblioteca local. Los autores de libros de misterio pueden aprovechar el Mes del Misterio de Barnes & Noble en octubre. Éstas son sólo algunas de las muchas posibilidades que los autores pueden desarrollar para organizar charlas de promoción de sus novelas.

Aunque crear una carrera como conferenciante lleva tiempo, hablar en público puede ser rentable para los autores que lo incluyan en su estrategia de comercialización de libros. Al principio, los autores suelen tener que hablar gratis y aprovechar cada intervención para vender libros. Sin embargo, los autores pueden cobrar por sus servicios una vez que hayan establecido un negocio de oratoria.

Si un autor carece de experiencia en hablar en público o tiene miedo de hacerlo, puede considerar la posibilidad de leer libros sobre cómo hablar en público o inscribirse en talleres de oratoria.

Adquisición de compromisos de oratoria.

Hay que buscar y cultivar activamente los compromisos para hablar. Las oportunidades sólo se presentan a los autores que han desarrollado la faceta de orador con el tiempo. La mayoría de los nuevos conferenciantes tendrán que invertir tiempo en conseguir compromisos para hablar.

Muchos eventos incluyen a los autores como oradores principales. Los autores pueden buscar compromisos para hablar identificando eventos y grupos que se adapten al público al que va dirigido su libro como posibles lugares para hablar.

Por ejemplo, un libro sobre prácticas seguras en las citas para los adolescentes podría dar lugar a compromisos para dar charlas en escuelas secundarias y preparatorias y en organizaciones juveniles de la comunidad y de la iglesia.

Una vez que se haya descubierto un evento o grupo como lugar adecuado para dar una charla, el autor se pondrá en contacto con los organizadores del evento o grupo y presentará un perfil, un tema para la charla y una sinopsis para que se consideren.

¿Cuántos libros se pueden vender hablando en público? Depende de la ocasión, del orador y del oyente. Tanto si el número de ventas de libros es de tres como de trescientos, cada intervención es una oportunidad para darse a conocer. Además, la publicidad genera futuras ventas de libros.

# CAPÍTULO 4: LAS RESEÑAS DE LIBROS COMO SU HERRAMIENTA DE PROMOCIÓN MÁS EFICAZ.

Las reseñas de libros son un método eficaz para publicitar su publicación. La mayoría de los lectores confían en las reseñas fiables, ya que los críticos profesionales son objetivos y respetados por la mayoría de los lectores. Para muchos autores, sobre todo los menos experimentados, es difícil encontrar reseñas decentes.

Con la publicación de más de 500.000 libros nuevos al año, la demanda de reseñas se ha disparado. Hoy en día, es bastante difícil conseguir una reseña de un crítico ampliamente reconocido. Para que se haga una idea, Publishers Weekly, la principal revista del sector, examina sólo 5.000 libros al año.

Midwest Book Reviews examina unos 490 libros al mes y es una de las mayores organizaciones de reseñas del país. No obstante, no hay motivo para irritarse. Hay muchas opciones para que los autores perspicaces compongan reseñas perspicaces.

¿Cómo puedo encontrar un revisor?

Hay muchas fuentes creíbles a las que puede acudir. Dan Poynter, un experto en publicaciones del más alto nivel, le ofrece la oportunidad de incluir su libro en su boletín digital titulado "para publishing". Autores ansiosos por ver sus nombres impresos se ofrecerán a reseñar su libro.

Poynter pide a los reseñadores que se registren en su sitio web que se abstengan de publicar comentarios desagradables. Aclara que no está pidiendo al reseñador que modifique sus opiniones. Sólo ruega que no diga nada si no puede ofrecer algo positivo.

Los 1000 mejores revisores de Amazon son la mayor colección de revisores profesionales. Cualquier reseña avalada por esta organización será altamente considerada y confiable.

Introduzca "Amazon Top Reviewers" en su motor de búsqueda para obtener una lista de revisores y sus rangos. No esperes una reseña de los 50 o 100 mejores sitios web. Están muy ocupados y son muy selectivos. Si tienes tiempo, ten la amabilidad de intentarlo. Es posible. Tengo experiencia personal en esto.

Es esencial tener en cuenta más que estos revisores. Si es autor de un libro de no ficción, envíe una solicitud de reseña a las publicaciones periódicas que cubren el mismo tema. Si tiene éxito, lo verán los lectores de la revista que ya han demostrado interés por ese tema y tienen muchas probabilidades de comprarlo.

Consulte también los periódicos locales. Hay secciones específicas de negocios, tercera edad, alimentación, viajes e inmobiliaria en los diarios más importantes. Envíe su solicitud de reseña al editor de la sección correspondiente.

Lamentablemente, muchos periódicos han eliminado sus secciones de reseñas de libros, aunque otros siguen publicando reseñas en otras páginas. Asegúrese de ponerse en contacto con los semanarios locales. Son muy leídos y están constantemente a la búsqueda de historias interesantes sobre los logros de los individuos locales.

Introduzca "Book Reviewers" en Internet, pero filtre bien sus respuestas. Desconfía de las reseñas compradas. No tienen el mismo peso que las no remuneradas. Sin embargo, hay algunas reseñas pagadas valiosas. La revista ForeWord ha iniciado un plan de pago que se ganará el respeto, al igual que las evaluaciones pagadas de Normal Goldman en Bookpleasures.com.

Evaluaciones previas a la publicación.

Los autores suelen pasar por alto un tipo de reseña que es de vital importancia. Antes de que se publique un libro, sólo las siete revistas más importantes de nuestro sector hacen reseñas. La gente del sector ve sobre todo estas reseñas. Una reseña positiva en cualquiera de ellas ayudará a asegurar unas ventas considerables antes de que su libro se publique.

Las siete reseñas principales antes de la publicación son Editor's Weekly, New York Times, Library Journal, Kirkus Review y ForeWordMagazine.

Book Review and Booklist (Asociación de Bibliotecas Americanas)

Si su libro es apropiado para niños o adolescentes, incluya School Library Journal. Cuatro meses antes de la publicación, debe entregar galeradas de su libro con una cubierta (o una copia) al revisor. La cubierta debe indicar

"Copia de revisión avanzada - No está completamente editada". Aunque tenga una copia completa del libro, no debe presentarla. Este revisor sólo aceptará copias avanzadas (ARC).

Puede optar por contratar una imprenta digital especializada en tiradas cortas y hacer copias encuadernadas. Sin embargo, estos también deben llevar la notificación de ARC en la portada. Es inevitable que necesites más ejemplares que los que envíes a estos revisores.

Es posible que desee promover los clubes de lectura, distribuir a otros críticos, incluir un ARC con las solicitudes de apoyo, y utilizar su libro para otros fines promocionales.

Una vez publicado el libro, no hace falta decir que seguirá solicitando tantas reseñas como sea posible y se asegurará de que un número significativo de ellas se coloquen en Amazon.com, Barnes & Noble.com, Borders.com y Books-a-Million.com. No pase por alto las numerosas librerías de Internet afiliadas a Amazon.

# CAPÍTULO 5: UTILIZAR IMÁGENES DE SU LIBRO PARA LA PROMOCIÓN.

Normalmente, los libros tienen al menos dos imágenes: la portada y la fotografía del autor. Otras publicaciones pueden tener muchas fotografías interiores en blanco y negro o en color, ilustraciones, mapas u otras formas de gráficos.

Todas estas fotografías pueden utilizarse para comercializar su libro, incluso si los clientes compran en línea y no pueden examinar un ejemplar real antes de comprarlo. Antes de que su libro salga a la venta, o incluso de que se ponga en marcha, tómese el tiempo de considerar cómo puede utilizar estas fotografías en su marketing y guárdelas en un formato que las haga fácilmente accesibles.

Asegurarse de tener las fotos adecuadas.

Si tienes otras imágenes para utilizar, deja claro a tu fotógrafo o a la persona encargada de la maquetación y el diseño que las quieres en formato jpeg para que puedan utilizarse en línea y en otros formatos.

Algunos diseñadores de libros prefieren las fotografías en formato tiff, que a veces son superiores en cuanto a calidad de impresión, mientras que las imágenes en formato jpeg suelen ser igual de buenas. Como a Internet le gustan los jpeg, no podrás subir tus fotografías tiff a la red. Cambiar los formatos de las imágenes puede no ser un problema si estás familiarizado con Photoshop u otra aplicación que te permita recortar y modificar las fotografías.

También es posible que quieras aprender a editar imágenes para tener más alternativas en el futuro. Si quiere fotografías listas para usar, asegúrese de informar a su experto en maquetación de libros de que desea que cualquier recorte o modificación que realice se duplique exactamente como aparece en su libro. De este modo, dispondrá de las mejores imágenes para utilizarlas en sus esfuerzos de marketing. Aunque su libro sólo se imprima en blanco y negro, debe solicitar estas fotografías como jpegs y en color.

En un libro, las imágenes en blanco y negro son aceptables, pero en línea se espera que sean en color. Además, las fotos para los libros suelen tener una calidad alta, como 300 ppp, mientras que las imágenes publicadas en línea deben tener una resolución reducida, como 72 ppp, porque tardarán poco en cargarse en una página web.

Múltiples métodos de comercialización para las imágenes de su libro.

Si es un autor novel que lanza su primer sitio web, querrá que éste refleje la portada de su libro o la esencia del mismo. Utilice temas, colores, fotografías e imágenes que se correspondan con el tono, el propósito y el contenido de su libro.

Utilice estas fotografías como anticipo para animar a los lectores a comprar el libro. No debe conformarse con un sitio web que entre en conflicto con la portada de su libro o sus gráficos, ni utilizar diseños prefabricados que no presenten la imagen adecuada o, peor aún, que sean contradictorios. Consulte con el diseñador de su sitio web para aprovechar al máximo la portada y otras fotos.

Al igual que su sitio web, su blog debe representar el concepto y el contenido de su libro y la identidad de su autor. Algunas fotografías de su libro, como una foto del autor o una página, pueden publicarse en el blog utilizando la plantilla del sitio. A continuación, añada el resto de fotografías a su blog, una o dos a la vez.

Aquí es un área en la que querrá tener un gran número de fotografías jpeg disponibles, de modo que si va a escribir un blog diariamente o incluso sólo un par de veces por semana, sus imágenes estén todas disponibles y ya recortadas y dimensionadas para ahorrarle tiempo.

Publica extractos de tu libro y acompáñalos con las fotos adecuadas del mismo. Alterna las publicaciones de tu libro con otras sobre ti mismo o sobre cosas que hayas hecho, y sigue fotografiando y publicando tus imágenes.

Para que el blog sea eficaz con las imágenes puede ser necesario que aprendas a utilizar un programa como Fireworks o Photoshop para que tus fotografías sean de excelente calidad y estén recortadas o editadas para conseguir un efecto óptimo.

Como es probable que los espectadores tengan que desplazarse hacia abajo para leer la totalidad de la entrada de tu blog, incluye una imagen en la parte superior de la entrada para que atraiga inmediatamente la atención en lugar de enterrarla más abajo en la página y burlar a tus espectadores publicando una o dos de tus mejores fotografías de un CAPÍTULO y haciéndoles saber que hay más imágenes en el libro.

En la era de las redes sociales, a la gente le gusta mirar los álbumes de fotos de los demás. Ya sea en Facebook, Instagram, TikTok u otro sitio que permita añadir fotos o imágenes a un álbum, establece un álbum de fotos para tu libro o varios álbumes para diferentes partes de tu libro. La gente estará más interesada en su libro si hay fotografías incluidas. Además, siéntase libre de utilizar algunas de estas fotografías como su perfil.

Vídeos de presentación del libro: Cree un vídeo de presentación del libro. Reader Views es una empresa profesional de promoción de libros que produce vídeos de presentación de libros para autores. Tendrá que enviar una docena o más de las mejores fotografías de su libro en formato jpeg para utilizarlas en la película.

Es posible que quiera incluir un guión de voz en off o hacer que se cree uno para ayudarle a combinar las palabras habladas con las fotos adecuadas. Aunque tu libro no contenga muchas fotografías, aquí tienes un motivo para descubrir más imágenes que te ayudarán a promocionar el libro, siempre que pagues por ellas o utilices imágenes libres de derechos.

Postales y otros materiales de marketing: Considere todas las opciones de promoción del libro más allá de las indicadas anteriormente. Si es autor de un libro de historia o de viajes, quizá quiera transformar sus fotografías en una línea de postales.

Si los turistas están dispuestos a comprar su libro, también comprarán sus postales. Como las postales suelen ser baratas, es posible que pueda vender un número importante de ellas. Elija cinco o seis de sus mejores fotografías y cree una serie de marcapáginas; en el caso de las novelas infantiles, puede crear un marcador para cada uno de los personajes del libro.

¿Y qué hay de las tarjetas, los pósters, los calendarios, los cromos para niños, las tazas de café, las bolsas, los puzzles y quizás una línea de camisetas? Aunque no mencione su libro en todas estas cosas, puede generar dinero adicional con sus fotografías y vender estos productos además de su libro en su sitio web.

Puede que la tienda de regalos del barrio no esté interesada en vender tus libros, pero sí en vender tus calendarios o camisetas. No se limite. Promocione y venda sus fotografías, con o sin el libro.

Las imágenes son esenciales para la comercialización de un libro. A la gente le gusta mirar fotos y éstas captan la atención del lector cuando el simple texto no lo hace. Utilice sus fotografías para atraer el interés y comercializar su libro de todas las maneras posibles. Sea imaginativo para que esas fotografías le generen más dinero como autor.

# CAPÍTULO 6: CÓMO PROMOCIONAR SU LIBRO ELECTRÓNICO PARA NIÑOS MEDIANTE CHARLAS.

Tradicionalmente, los autores que sacaban un nuevo libro se embarcaban en una "gira del libro" que consistía en firmas, presentaciones, discursos y entrevistas en los medios de comunicación de todo el país. Aunque muchas de estas actividades se han trasladado a Internet durante la última década, las charlas son un método eficaz para vender libros y crear una audiencia.

No hay ninguna razón por la que los escritores de Kindle no puedan disfrutar de estas ventajas, aunque no tengan ejemplares físicos para vender en el fondo de la sala o para sostener en el podio.

Localice su gira de conferencias sobre Kindle. Cada municipio o grupo tiene una cámara de comercio y busca continuamente conferenciantes para desayunos o almuerzos. En muchas regiones, también hay organizaciones locales independientes que establecen contactos.

Si no está familiarizado con el entorno de redes de su comunidad, hable con un banquero local, un agente inmobiliario o el propietario de una empresa de servicios local, o infórmese en el Centro de Desarrollo de la Pequeña Empresa o la oficina de desarrollo comunitario más cercanos.

El tema de su libro puede resultar atractivo para grupos especializados, como clubes de jardinería, organizaciones políticas e iglesias. Examine los calendarios de eventos del periódico local o en línea para saber qué organizaciones organizan habitualmente actos públicos con ponentes.

Elabore una lista de organizaciones que puedan estar interesadas en que usted hable para ellas. Para cada una de ellas, llame o envíe un correo electrónico a la organización y pregunte por el nombre y la información de contacto del coordinador de oradores.

A continuación, póngase en contacto con esa persona por teléfono o correo electrónico y ofrézcale sus servicios como orador. Incluya una breve biografía, una descripción de su libro electrónico Kindle y un resumen del tema que pretende tratar y por qué interesaría a los miembros del grupo. Normalmente, el siguiente paso es establecer una fecha para su debate.

Además, la mayoría de las bibliotecas públicas cuentan con una sala de reuniones en la que permiten o aceptan charlas. Visite la biblioteca de su comunidad y pregunte quién organiza las reuniones. Preséntese y ofrézcase para hablar. Esto siempre me ha funcionado en todos los lugares donde he vivido.

También puedes ponerte en contacto con empresas locales que tengan salas de conferencias para ver si quieren organizar una pequeña charla para sus clientes. Describa la forma en que esto los promueve como útiles en la perspectiva de sus clientes. Su tema no debe estar directamente relacionado con el trabajo de estos profesionales para que esta estrategia sea eficaz.

Por ejemplo, si su folleto enseña a los padres cómo ayudar a sus hijos a desarrollar mejores habilidades de estudio, un abogado, un contable o un terapeuta estarían sirviendo a sus clientes que tienen hijos si acogen su charla sobre este tema en su oficina.

Las actividades no locales requieren mucha más planificación, ya que deben programarse en función de su disponibilidad para viajar a un lugar determinado.

Algunos autores de libros electrónicos tienen dificultades porque no tienen nada tangible que vender durante sus charlas. ¿Cómo se puede entonces instar a los asistentes a que compren? Muy sencillo. Crea folletos con lo que se conoce como código QR (si buscas en Google "generador gratuito de códigos QR", puedes encontrar sitios web donde puedes generar uno para tu ebook).

Los asistentes que posean un teléfono inteligente podrán escanear el código QR para acceder a la página de ventas del libro electrónico. Incluya una URL convencional para su página de ventas en el folleto para las personas que no tienen teléfonos inteligentes. Se llevarán el folleto a casa y comprarán el libro electrónico en su ordenador.

Envíe un comunicado de prensa a los periódicos locales cada vez que realice las acciones anteriores si el evento es accesible al público. A menudo, un compromiso de charla es una excusa para escribir un extenso artículo sobre el libro o el negocio en cuestión. Esto puede generar ventas de personas que no asistieron a su presentación.

# CAPÍTULO 7: CÓMO CONSTRUIR SU PLATAFORMA DE AUTOR PARA MEJORAR LA PROMOCIÓN DE LOS LIBROS INFANTILES.

Como autor de libros infantiles, es probable que haya encontrado el término plataforma de autor a menudo, pero puede que se pregunte: ¿qué es una plataforma y cómo puedo conseguirla?

Su plataforma de autor determina el alcance de su mercado y es vital para los esfuerzos de marketing de su libro. Si desea conseguir un contrato con una editorial comercial típica, debe tener una plataforma de autor sólida. Al evaluar las propuestas de libros, los editores quieren saber cuán conocido es usted y cuán efectivo será en la publicidad de su libro después de la publicación.

Antes de escribir un libro o una propuesta de libro es el momento ideal para empezar a construir su plataforma de autor, ya que necesita tiempo. Sin embargo, puede seguir construyendo su plataforma de autor independientemente del momento en que se encuentre en el proceso de publicación.

Hay muchas definiciones de plataforma de autor, pero todas se reducen a tres elementos:

- Marca.

- Reputación.

- Red de contactos.

Marca.

La marca le distingue en un mercado saturado y le hace memorable. Su eslogan de autor es uno de los aspectos más significativos de su marca; es una representación concisa y atractiva de lo que hace.

Los siguientes son ejemplos de eslóganes de autores:

- El sabueso de la publicidad.

- El médico del amor.

- El profesional de la productividad.

- La autora de romances arriesgados.

- Autora de misterios de suspense.

- Autor de la serie del detective McGee.

- Autor de libros instructivos para niños.

Utiliza tu eslogan como título, a continuación de tu nombre en los materiales publicitarios y en tu firma. Yo, por ejemplo, me llamo Dana Lynn Smith, The Savvy Book Marketer.

Tu foto de autor es un activo promocional adicional. Consigue una fotografía de aspecto profesional y utilízala en todas partes para aumentar tu visibilidad. Profesional no implica necesariamente una imagen de estudio; considera cómo el fondo, la pose y la vestimenta de tu foto de autor pueden reflejar tu marca y los géneros de libros que escribes. Dondequiera que aparezca su foto, ponga siempre un pie de foto con su nombre y su eslogan.

La marca del autor puede incluir su logotipo, las portadas de los libros, la combinación de colores, su estilo particular de escribir o hablar y sus credenciales académicas. En conjunto, estas características generan una marca reconocible que le hace memorable y mejora la credibilidad de su plataforma de autor.

Considere los pasos que puede dar para mejorar su marca.

Reputación.

La reputación es una medida de lo conocido que eres, por lo que eres conocido y tu credibilidad. Tenga en cuenta las siguientes consideraciones a la hora de promocionar su libro:

- ¿Tiene una titulación, formación o experiencia considerable en el tema sobre el que escribe y/o redacta?
- ¿Está en posesión de un título profesional en su área de especialización, o puede obtenerlo?
- ¿Qué honores o distinciones ha recibido?
- ¿Qué experiencia en medios de comunicación posee?
- ¿A cuántas personas llegan sus discursos y entrevistas mensuales?
- ¿Cuántas personas visitan su blog?
- ¿Cuántos artículos ha escrito, enviado o publicado en el último mes?
- ¿Cómo de conocido es usted y cómo de reconocible es su nombre?
- ¿Qué funciones de liderazgo desempeña?
- ¿Por qué deberían escucharle o leer sus obras??

Los autores de no ficción pueden adquirir una reputación de autoridad en su materia mediante actividades como la producción de libros y artículos, la impartición de conferencias y la enseñanza, la aparición en programas de entrevistas, la mención en publicaciones de otros autores y la redacción de prólogos de otros libros.

Los autores de ficción pueden llegar a ser conocidos por su estilo de escritura y su dominio de un género concreto (como el infantil, la ciencia ficción, el romance o el misterio) o por su especialización dentro de un género (historias de vampiros, aventuras románticas).

Su plataforma de autor y su reputación pueden verse reforzadas al ganar elogios, obtener excelentes críticas de libros y recibir testimonios y avales de celebridades y profesionales del sector.

¿Qué puede hacer para mejorar el número de personas a las que llega con sus esfuerzos de promoción de libros y aumentar su reputación de autor y su condición de experto?

¿Cómo puede su material de marketing destacar sus credenciales?

Conexiones.

A la hora de promocionar un libro, es más importante a quién conoces que lo que sabes.

Para vender libros en el mercado actual, hay que tener contactos. He aquí algunos ejemplos de conexiones que los autores pueden utilizar para promocionar sus libros:

- Base de datos de contactos - Clientes, clientes potenciales, compañeros de trabajo, amigos y familiares.

- Lista de correo optativa - Personas que le han autorizado a ponerse en contacto con ellas.

- Influenciadores - Celebridades, personas notables de su sector, reseñas de libros, medios de comunicación y blogueros.

- Conexiones en Facebook, Twitter y otras redes sociales, grupos y foros en línea.

- Lectores de blogs - Personas que ven su blog o se suscriben a su feed.

- Asociaciones profesionales - Miembros y líderes de la asociación. Los puestos de liderazgo aumentan la visibilidad de uno dentro de una empresa.

- Otras organizaciones - Asociaciones de antiguos alumnos, grupos cívicos y de servicios, clubes de aficiones, etc.

# CAPÍTULO 8: POR QUÉ ALGUNOS AUTORES NUNCA TIENEN ÉXITO COMO AUTORES INFANTILES.

1 - Estar excesivamente interesado en el resultado - Nadie quiere creer que el libro en el que ha trabajado durante horas, semanas o meses vaya a fracasar. Es inevitable, y hay que estar preparado para ello.

Los libros que consideras tu mejor trabajo no conseguirán ganar tracción, mientras que los que creaste con la mitad de esfuerzo se dispararán más alto de lo que jamás imaginaste. Esto puede ser el resultado de una nueva tendencia, un golpe de suerte u otras circunstancias desconocidas.

No hay que tomárselo como algo personal. Muchos autores en ciernes se rinden cuando su primer libro no cumple sus expectativas. Aunque haya hecho todo lo posible para que su último producto tenga éxito, puede ser difícil observar su fracaso.

Si has agotado todas las opciones posibles, traza una línea en la arena y pasa al siguiente esfuerzo. Demasiados autores malgastan el dinero intentando hacer algo que nunca tendrá éxito. No se apegue demasiado al resultado.

2 - Anticiparse a la jubilación tras publicar un libro - A diferencia de las películas de Hollywood en las que el protagonista teclea "The End" en la última página de su manuscrito y éste se vende como rosquillas, la vida sigue tristemente sus propias reglas, y una de ellas es que hay que esforzarse para tener buena fortuna. Comparado con los cientos o miles de libros que se publican cada semana, tu libro es una gota en el océano: la generosidad.

Si se compara un sitio web con una página con uno con diez, veinte o cien páginas, es obvio que el sitio web con mayor número de páginas será descubierto por más personas, pero no se desanime.

Puede aumentar las posibilidades de éxito de su libro distribuyéndolo en el mayor número posible de librerías online y de venta al público. Cuantos más lugares donde la gente pueda encontrarlo, mejor.

Así pues, descarta la idea de que un solo libro será suficiente. Trabaje en su segundo y tercer borrador. Entonces, cuando conectes con tu público, tendrás aún más libros para que los devoren.

3 - No pedir nunca reseñas - Admitámoslo, no todos somos del tipo vendedor, así que la idea de aventurarnos más allá de nuestro círculo de amigos y familiares para vender nuestra última obra maestra puede ser desalentadora, pero si te asaltan pensamientos como "¿Y si no le gusta a la gente?" y "¿Y si las únicas reseñas que recibo son negativas?", nunca podrás lanzar tu obra. Estás condenado al fracaso.

Si desea tener éxito en la industria editorial, debe estar preparado para la posibilidad de que su libro no le guste a todo el mundo o incluso a usted. Estas personas han levantado la mano y han dicho:

"Yo no soy tu público". Entonces, su objetivo es encontrar su público. Te haces un gran favor si no solicitas reseñas o pones tu libro delante de la mayor cantidad de gente posible.

4 - Ir solo - ¿Ha observado alguna vez a un artista haciendo girar platos? Observas con asombro cómo corren de un plato a otro que se ralentiza, lo aceleran y lo equilibran antes de correr de nuevo al primero. Si esto te describe a ti y a tu escritura, sólo falta tiempo para que todo se derrumbe y te rindas desesperado.

Todas las grandes editoriales tienen equipos que realizan las numerosas tareas necesarias para generar y comercializar un libro. Antes de que un libro llegue a las estanterías, lo revisan correctores, editores, diseñadores, ilustradores y un grupo de marketing. Si uno lleva todos esos sombreros, sus novelas nunca tendrán el éxito que podrían tener. Lo sé por experiencia propia.

Si no tienes los recursos necesarios para contratar a alguien para todas estas actividades, empieza por algo pequeño e identifica a alguien que pueda encargarse de tus responsabilidades más débiles. Ve a Fiverr.com y contrata a alguien para que cree las portadas de tus libros si no quieres crear las tuyas propias.

A continuación, contrata a alguien con conocimientos de redacción para que redacte las reseñas y descripciones de tu libro, y luego a un especialista en promoción de libros. No tiene por qué ser complejo ni caro. Cuanto más tiempo siga desempeñando todas estas funciones, más tardará en alcanzar el éxito.

No examine su escritura como lo haría el propietario de un negocio: McDonald's nunca abriría un restaurante en una zona por la que no pasara nadie, Walmart nunca cargaría sus estanterías con cosas que nadie desea y Amazon nunca le vendería un solo artículo de camino a la página de pago.

Sin embargo, ¿cuántos autores cometen estos errores? Escribir para un público que no existe, publicar libros que nadie quiere y tener un solo libro para vender en lugar de una serie. Demasiados, y así es como debes enfocar tu escritura y tus libros en adelante.

Si algo es ineficaz, te hace perder dinero o te consume demasiado tiempo, déjalo ir y sigue adelante. Concentra tu tiempo y energía en lo que funciona y repite el procedimiento.

Si un libro tiene éxito, cree una secuela, una precuela o cualquier otra continuación que le proporcione ingresos adicionales. Si te has gastado 100 dólares en promocionar tu último libro y sólo has conseguido 50, seguro que no hace falta que te diga que ha sido una mala decisión comercial.

Al final, un libro es un activo, ni más ni menos. Rechaza la idea de que es una obra de arte o una indicación de quién eres. La gente que tiene esa opinión vive la vida de un artista hambriento; la gente que ve sus libros como una empresa rentable o no rentable no.

# CAPÍTULO 9: DE LAS PRESENTACIONES A LOS CONTRATOS A LA COMERCIALIZACIÓN DE LIBROS A LA PROFESIÓN DE ESCRITOR.

Aprender el oficio de escritor es la piedra angular para escribir novelas para niños o de cualquier género. Como autor de libros para niños, debe comprender las pautas y técnicas exclusivas para escribir historias apropiadas para su edad, con un vocabulario y unas tramas adecuadas.

Una vez que se haya tomado el tiempo necesario para dominar su habilidad y haya evaluado, revisado y editado su manuscrito, el camino tradicional de los libros de escritura para niños continúa con las presentaciones, la promoción y la carrera de escritor.

Escribir libros para niños: Presentaciones.

Antes de considerar la posibilidad de presentar su obra en cualquier lugar, asegúrese de haber tomado las medidas esenciales para dominar el oficio de escritor. Su manuscrito debe estar lo más pulido posible.

Hay dos tipos de envíos: los que se hacen a las editoriales y los que se hacen a las agencias. En el artículo recomendé "investigar a los agentes" antes de presentarlos.

Antes de presentar una cuestión a un agente, hay que conocer sus intenciones, sobre todo antes de adjuntar la firma de un contrato. Esto implica determinar el tipo de agente que es, el género que representa y la plataforma de agente que ofrece: ¿satisfacen a sus autores o sacan el látigo? ¿Son pasivos, agresivos, se implican o son complacientes?

El mismo consejo se aplica a la presentación a las editoriales; antes de presentarlas, investigue sobre ellas. Conozca los géneros de libros infantiles que publican y los tipos de tramas que buscan.

Tanto si se envía a una editorial como a un agente, siempre hay que respetar los requisitos de presentación y personalizar la pregunta. Puede haber casos en los que las directrices no especifiquen el nombre del editor al que debe enviarse la pregunta, pero si puede encontrar esta información, utilícela.

Saber cómo presentar el relato es igualmente esencial. Esto implica descubrir el gancho de la historia. Los agentes y editores también están interesados en los elementos de venta del libro y en las similitudes con otras publicaciones de éxito.

Además, esperarán ser informados de su enfoque de marketing. Antes de presentar su obra, debe establecer una presencia y una plataforma en Internet; informe a los agentes y editores de que va a promocionar su libro de forma agresiva.

Además del gancho del relato, debe transmitir: quién es su personaje principal y de qué trata; la acción que impulsa la historia; la dificultad del protagonista; y, si no se supera el obstáculo, qué está en juego.

Examine "la parte posterior de los libros publicados" para determinar la concisión y la eficacia con que expresan el contenido de la historia. Esto te servirá de ejemplo para redactar tu resumen.

Mantenga su pregunta breve y profesional, y mantenga su biografía concisa y pertinente. Debe cautivar al editor o al agente y seducirle para que lea su manuscrito.

He aquí cuatro herramientas que pueden ayudarle en la búsqueda de un editor o agente:

1. Dónde vender su obra y cómo hacerlo.

Más de 700 listados de editoriales de libros, revistas, agentes, representantes artísticos y mucho más. WritersMarket.com es una plataforma online que puede ayudarte a comercializar tus escritos.

2. El contrato del libro.

Si investigas, tu novela acabará encontrando un hogar. Si recibe los primeros rechazos, no deje que le desanimen. Puede que una autora publicada no sea la mejor escritora, pero sin duda es una autora persistente.

Debes pedir una explicación si no entiendes algo de tu contrato. Después de firmar un contrato, serás "colocado en la cola" y empezarás a editar con el editor de la editorial en algún momento. Pueden pasar de uno a dos años entre el inicio del procedimiento de publicación y su lanzamiento real.

3. Promoción del libro.

Unos meses antes de la publicación de su libro, debe empezar a promocionarlo para impulsar las ventas. Para ello, deberá crear un sitio web de autor y una plataforma; tendrá que promocionarse a sí mismo y a su obra.

Después de la publicación de su libro, tendrá que participar en giras virtuales de libros, en espacios de radio con blogs, en visitas a escuelas y en otras técnicas típicas de promoción de libros. Puede encargarse de ello por su cuenta o contratar a una empresa de promoción de libros o a un publicista.

4. Una carrera de escritor.

Ahora que tienes tu libro, lo empujas como un loco (este es un proceso continuo). La etapa final y posterior es repetir el procedimiento. No querrás ser una maravilla de un solo golpe, así que espero que hayas estado escribiendo más obras. Si no es así, empiece inmediatamente. Un autor publica un libro cada uno o dos años de media.

Además de mantener su entusiasmo por crear libros para niños, la publicación de libros le abre las puertas a otras opciones de escritura, como las charlas, los talleres y/o teleseminarios y el coaching.

Muchos profesionales del marketing afirman que su "libro" es su tarjeta de presentación o de visita;

demuestra sus capacidades y le promociona como autoridad en su profesión o especialidad. Aproveche estos nuevos canales de exposición e ingresos.

# CAPÍTULO 10: COMERCIALIZACIÓN DE LIBROS EN LÍNEA.

Si ha completado el lanzamiento del libro, los comunicados de prensa, las entrevistas con los medios de comunicación, las charlas en las bibliotecas, las firmas en las tiendas, las visitas a los colegios, etc., y no está seguro de lo que debe hacer a continuación, es posible que desee promocionar su libro en Internet.

Hay millones de sitios web y blogs dirigidos a lectores de libros, autores, educadores, niños, adolescentes, etc., y cientos (si no miles) más abordan cada uno de los temas y preocupaciones que se tratan en su libro.

Considere cada sitio web y blog como un "lugar virtual" para promocionar su libro.

Hay dos técnicas principales para conseguirlo:

1. El propietario del sitio web o del blog (o un miembro del personal) le enviará por correo electrónico una serie de preguntas, y usted responderá por correo electrónico. Luego, tus respuestas (potencialmente modificadas) a sus preguntas se colocan en su sitio web. También pueden promocionarlo en su boletín o revista electrónica o instar a sus suscriptores a que te envíen preguntas.

2. Piezas: Te encargas de escribir uno o varios artículos breves para publicarlos en su sitio web o boletín.

Después de cada entrevista o artículo, puedes mencionar tu libro y dónde se puede comprar. Esa es su compensación. No debes esperar una compensación por la entrevista o el artículo en sí; lo haces por publicidad, no por dinero.

Haz una lista de todo lo que cubre tu libro, incluyendo el tema principal, los subtemas, los lugares, los problemas, etc. Incluye las cosas que hayas investigado mientras escribías el libro, aunque se hayan eliminado del borrador final.

Habrá más áreas sobre las que ahora tienes algún conocimiento interno, como la creación de libros, la búsqueda de un agente o editor, posiblemente la autopublicación, la localización y colaboración con un artista de portada, la realización de discursos, las firmas de libros, etc. Es probable que te sorprenda el tamaño de tu lista final.

Cada uno de estos temas será cubierto por un número asombroso de sitios web y blogs, y muchas de estas plataformas de Internet buscarán contenido fresco. Por lo tanto, utilice su motor de búsqueda preferido para investigar cada elemento de su lista.

Probablemente habrá millones de resultados para cada tema. Considere las dos primeras páginas de los resultados de la búsqueda y seleccione un puñado de los sitios web más relevantes. A continuación, envíe un correo electrónico a los propietarios de los sitios preguntándoles si desean realizar una entrevista con usted o que escriba un artículo relevante para su sitio.

Documente los sitios con los que se ha puesto en contacto y sus respuestas (si las hay). Si alguno de los sitios más grandes no responde, inténtalo de nuevo una semana más tarde y posiblemente una semana después. También puedes intentar contactar con ellos por teléfono o por correo postal en lugar de por correo electrónico.

No te rindas con esos grandes sitios web hasta que recibas un "Sí" o un "No" definitivo: probablemente reciban miles de visitantes. Imagine una firma de libros en el mundo real a la que asisten miles de personas. No querrá que esa oportunidad se pierda porque el propietario del sitio esté demasiado ocupado para responder a su correo electrónico.

La promoción de libros en línea tiene algunas ventajas significativas sobre la asistencia a eventos promocionales en persona.

- No hay que desplazarse, por lo que se ahorra mucho tiempo y dinero.

- Nunca se quedará sin lugares; simplemente pasará a la siguiente página de resultados de búsqueda o al siguiente elemento de su lista.

- Se pueden visitar varios lugares en un día.

- Puede abarcar un área mucho más amplia: todo el planeta.

- Incluso el más pequeño de los lugares en línea suele tener una audiencia significativamente mayor que un solo evento de firma de libros en persona.

- Su puesto o entrevista suele permanecer en línea y seguir generando ingresos durante años.

- No es necesario tener una voz maravillosa ni la capacidad de pensar en respuestas rápidas.

Una vez que haya realizado algunos de estos artículos o entrevistas, le resultará mucho más sencillo, ya que podrá reciclar los mismos comentarios y conceptos fundamentales con pocas modificaciones.

Sin embargo, como no hay dos presentaciones o entrevistas idénticas en el mundo real, debes esforzarte por hacer que cada evento online sea único. Intente adaptar su redacción al tono y al público de cada sitio web.

Piensa en el tiempo que emplearías en preparar, viajar y presentar un evento similar en el mundo real. Podrá realizar el evento en línea en una fracción del tiempo y probablemente obtendrá resultados mucho mejores, todo ello sin moverse de su escritorio.

# CAPÍTULO 11: ASEGÚRESE DE TENER UNA CUBIERTA DE LIBRO NOTABLE.

Se dice que se puede juzgar un libro por su portada. No es exactamente así. Puede haber libros excelentes con portadas pobres y libros medios con portadas excelentes. Hay una certeza. Las portadas excelentes venden libros.

He tenido algunos libros en los que una cubierta funcionaba excepcionalmente bien y la otra no. Mi error fue intentar marcar una serie del mismo autor intentando igualar el diseño del segundo libro con el del primero.

El problema es que el segundo libro trata de un tema diferente y requiere un enfoque distinto. La próxima vez, me basaré en la experiencia profesional y aportaré información sobre el mercado objetivo. Sin embargo, tengo algunos comentarios sobre el estilo de la portada.

Adoro la sencillez y la audacia. Quiero que el comprador reconozca inmediatamente el título y el tema del libro. Quiero que el título y el subtítulo sean claros, a menos que el subtítulo esté destinado a dilucidar el contenido. Hablo por experiencia propia.

Hace más de una década publiqué un libro sobre la redacción de ensayos titulado I Wish I'd Had This When I Was in School. Aunque el título era grande y en negrita, no indicaba el contenido del libro. El título de tu libro debe transmitir una personalidad distinta, especialmente en el sector de la no ficción.

Lo único que he evitado es sobrecargar una portada con demasiado contenido. Todos hemos visto portadas de libros en las que cada centímetro cuadrado está cargado de gráficos o texto promocional. Es excesivo. Además, no se puede leer a distancia. Me gustaría que un comprador pudiera leer ese título desde al menos tres o cuatro metros de distancia en una librería.

Esto me lleva al siguiente punto: el espacio en blanco. Las páginas con exceso de texto quieren espacio en blanco. Ahora bien, no estoy recomendando que utilices el blanco como fondo para la cubierta de un libro, aunque, como puedes suponer, funciona excepcionalmente bien para algunos libros.

Algunos autores aconsejan utilizar "un color, una textura o una ilustración de fondo en su lugar". Además, se requiere espacio en blanco, pero no un fondo blanco.

Lo que no hice a la hora de seleccionar un diseño para un libro de negocios fue mirar de cerca portadas de libros similares. Sí miré comparaciones de precios, pero no diseños de portada. Visita tu librería local si estás leyendo un libro de negocios, un libro infantil o cualquier otro género. ¿Existe algún patrón que le llame la atención y que pueda funcionar, aunque sólo sea como concepto general, para su próximo libro?

Un último consejo es hablar con un editor local. Hace unos años, asistí a una conferencia en la que un destacado editor hizo una presentación sobre el diseño y pidió a los asistentes que presentaran sus libros para evaluarlos.

Ojalá ese diálogo se hubiera producido antes de publicar una de mis novelas. El contenido era excelente. Sin embargo, una portada mejor habría aumentado las ventas. Esta es una lección que me gustaría impartirles.

Las portadas excelentes venden libros.

# CAPÍTULO 12: SUGERENCIAS PARA ENCONTRAR EDITORIALES DE LIBROS INFANTILES.

La cantidad de personas que creen que van a crear un libro infantil porque es sencillo le dirán que escribir es difícil. Cuando tenga una historia escrita que crea que será un éxito en el mercado infantil, tendrá que encontrar una editorial especializada en ese tipo de escritos; necesita una editorial de libros infantiles.

Para asegurarse de que descubre una editorial que comparte su entusiasmo por entretener y enseñar a los niños, hay algunos aspectos que debe tener en cuenta a la hora de seleccionar editoriales de libros infantiles.

La elaboración de un trabajo excelente debe ser su prioridad. El deseo de autopublicar ha aumentado de forma espectacular en los últimos años, ya que las editoriales ya no aceptan a muchos autores nuevos, sino que trabajan con autores establecidos. Conseguir un pie en la puerta de cualquier editorial de libros infantiles comienza con la presentación de un manuscrito sobresaliente. Lo que quieres es que lean tu artículo, determinen su valor y se ofrezcan a publicarlo en tu nombre.

Busque editoriales especializadas en literatura infantil. No todas las editoriales tienen experiencia en la publicación de libros infantiles. Dado que se trata de un mercado tan especializado, debe encontrar una editorial que se centre en hacer llegar su libro a las tiendas para el grupo de edad adecuado.

A la hora de seleccionar una editorial para un libro infantil, es esencial encontrar una empresa editorial con una sólida reputación en el mercado infantil. Debe asegurarse de que la editorial que elija le ayudará a publicitar su libro y a garantizar que llegue al público adecuado en el futuro. No acepte un contrato de cualquier editorial; en su lugar, espere a ver qué le ofrece cada una para poder elegir la mejor opción.

A lo largo de este procedimiento, debe recordar que las editoriales ya no aceptan todos los libros. En realidad, pasar por una editorial puede ser extremadamente intimidante porque necesitas un agente que se dirija a las editoriales en tu nombre, lo que puede ser largo y laborioso. Por eso la autopublicación se ha convertido en un negocio tan popular, que permite a los autores publicar y distribuir su obra en el momento oportuno.

La autopublicación le permite mantener un control total sobre su obra. Usted elige el método de publicación, si el libro se imprime o se publica en línea. Puede tomar decisiones basadas en lo que cree que es óptimo para su trabajo y el método óptimo para distribuirlo.

La autopublicación le permite controlar eficazmente su futuro con la ayuda de un editor experimentado que puede proporcionarle una gran cantidad de orientación y asistencia.

Utiliza las herramientas de asistencia al autor con las que los profesionales de la autopublicación pueden ayudarte. Al publicar un libro para niños, necesitarás una portada cautivadora e imágenes que mantengan la atención del niño.

La editorial que elijas debe ser capaz de ofrecerte una orientación útil, contar con diseñadores internos que te ayuden con las ilustraciones y el diseño de la portada, y ofrecerte la corrección y la edición como una comodidad adicional.

Recuerde siempre, mientras busca editoriales de libros infantiles, que debe dedicar tiempo a informarse lo máximo posible sobre la empresa a través de las reseñas de Internet y los comentarios de los clientes, para poder decidir con seguridad qué hacer con su trabajo.

# CAPÍTULO 13: ESCRIBIR PARA LOS NIÑOS Y GANARSE A LOS PADRES.

El talento de ser capaz de comunicarse en un idioma que su público objetivo habla es obvio. Elegir un tema con el que el niño pueda relacionarse es crucial. De nuevo, dependiendo de la edad del niño, a menudo se cree necesario incluir elementos visuales; sin embargo, a los niños de todas las edades les gusta ver ilustraciones.

Hay que comprender lo que los niños y sus padres desean de la lectura. Es crucial mantener la felicidad de los niños y el disfrute de la historia al tiempo que se apela a su creatividad y energía creativa, pero ¿qué convencerá a los padres de que compren el libro?

Los padres también buscan libros con valor educativo para sus hijos. Las palabras y conceptos nuevos son instructivos en sí mismos. Sin embargo, los padres suelen querer algo más tangible: un medio para cuantificar el éxito del libro en términos de su valor educativo para sus hijos.

La inclusión de actividades en el texto del libro puede darle una cualidad distintiva que atraiga tanto a los niños como a sus padres. Un glosario de palabras desconocidas o poco comunes puede garantizar que los niños y los padres comprendan bien el material y que los pequeños no se pregunten constantemente qué significa una palabra concreta.

Un libro enorme con cuentos y actividades era un regalo de Navidad habitual en el pasado. Estos anuarios eran siempre populares porque incluían diferentes actividades para que los niños las completaran mientras leían los cuentos. Añadir cuestionarios, crucigramas, ejercicios de escritura y de dibujo/coloreado mejoraba la historia para los niños y sus padres.

Actualmente, los libros con más actividades que narraciones están ganando cuota de mercado. Aun así, si combina su talento para contar historias con actividades apropiadas y entretenidas, atraerá tanto a los niños como a sus padres y aumentará las probabilidades de éxito de sus escritos.

Con Internet, es posible producir libros electrónicos con gráficos a todo color sin verse limitado por los gastos de producción. Esto, por supuesto, implica que sus libros pueden ser más baratos que los que se venden en las tiendas.

El proceso es más complejo en lo que respecta a la publicidad y el marketing de su libro para generar ventas. Sin embargo, los comerciantes de Internet suelen estar de acuerdo en que escribir y publicar artículos es uno de los mejores métodos para establecer la credibilidad como autor de libros para niños. Incluya un recuadro de referencia al final del artículo con un enlace a su sitio web (o correo electrónico) en el que se pueda adquirir el libro.

Tienes una ventaja sobre los demás porque puedes escribir y producir un artículo que no sea "un gran problema". Asegúrate de enviar tu artículo a la revista electrónica, el boletín de noticias o la categoría adecuada en sitios web como éste: tienes que dirigirte a los clientes que tienen hijos, por ejemplo. Madres.

Si decides dirigirte a tu iglesia o colegio, intenta establecer un programa de afiliación en el que la organización reciba una comisión (alrededor del 50%) por promocionar tu libro por ti, por ejemplo a través de un testimonio.

No te preocupes por ofrecer grandes comisiones; no tienes gastos adicionales después de haber escrito tu libro. Este es un método maravilloso para demostrar tu espíritu comunitario y mejorar tu reputación como autor infantil compasivo. Los padres valorarán tu amabilidad, mientras que los niños disfrutarán de tu libro.

# CAPÍTULO 14; IMPULSAR LA VISIBILIDAD DE SU LIBRO INFANTIL AUTOPUBLICADO.

¡Enhorabuena! ¡Acabas de publicar tu libro infantil de forma independiente! Ahora, ¿cómo lo haces llegar al público? Promocionar tu libro requiere mucho trabajo y persistencia. El éxito no se producirá de la noche a la mañana, por mucho que lo desees. A continuación, se presentan algunos enfoques que he implementado o planeado para promocionar mis libros infantiles.

1. Crea un sitio web. Exhiba su libro. 2. ¡Crea un archivo PDF con la vista previa de tu libro! La mayoría de los compradores querrán una vista previa antes de comprar, así que proporciónela. Cree un

enlace a través del cual la gente pueda comprar su libro.

2. Cree un blog y establezca una red de contactos con otros autores.

3. Crea una página de fans en Facebook y una cuenta de Twitter. Presenta tu página de fans en Facebook a tus amigos. Siga a personas en Twitter que compartan sus intereses. La publicidad en Facebook también es posible, pero sólo si tienes suficientes recursos económicos.

4. Consigue reseñas. Pide a otros autores de libros infantiles autopublicados que reseñen tu libro a cambio de que reseñen el suyo. Publica estos testimonios en tu blog o sitio web.

5. Tarjetas de visita Ve a Vistaprint.com. Puedes enviar tus plantillas o utilizar las suyas. Distribuya tarjetas de visita siempre que sea posible. Si tienes hijos, llévalas al parque y distribúyelas a otros padres.

6. Si tu libro infantil forma parte de una serie, ofrece la primera entrega en eBay. Yo obtuve el mayor número de visitas y pujas cuando empecé con un precio inicial de 0,01 dólares y envío gratuito. Es probable que incurra en una pérdida económica, pero su libro será adquirido por un lector que nunca lo ha leído. Ofrezca un descuento en sus otros libros si los clientes disfrutan del primero. ¡Incluya también su tarjeta de visita!

7. Escriba cartas a guarderías y bibliotecas explicando su libro y por qué deberían tenerlo. Si es posible, ofréceles un descuento especial.

8. Pegatinas o imanes para el parachoques de tu coche. Diséñalo como mejor te parezca, ¡y asegúrate de incluir tu página web!

9. Adjunta folletos con pestañas arrancables en los tablones de anuncios. Muchas tiendas de comestibles y bibliotecas los tienen. Prueba también en las pizzerías. Puede que tenga que informarse antes de colgarlos. Asegúrese de comprobarlos al menos semanalmente. (*Arranca una pestaña. Esto dará la

impresión de que la gente está interesada en su folleto. Esto se ha probado y funciona).

Algunos sitios web ofrecen publicidad barata. Proporcionan un servicio de intercambio de banners, pero también puede comprar impresiones de banners y clics en el sitio web. Los sitios web añaden un código a su sitio, y cuando alguien visita su sitio, recibe una vista del banner en otro sitio web.

Por lo tanto, cuando usted compra clics, está pagando para que la gente haga clic en sus banners. Por lo tanto, se trata de personas reales que han hecho clic en su banner porque les ha llamado la atención. Examine la eficacia de una campaña de bajo coste aplicándola.

# CAPÍTULO 15: CÓMO CONVERTIR SU LIBRO INFANTIL EN UN ÉXITO DE VENTAS.

Enhorabuena. Has publicado un libro para jóvenes. Ahora, la siguiente y más crucial fase es la promoción. Los niños son lectores devotos, pero primero son difíciles de captar. En esta página encontrará una lista de sitios web que promueven la literatura infantil y juvenil.

1. Bookmarket - Esta es una página que ofrece consejos relacionados con la promoción. El libro 1001 ways to advertise your book de John Kremer es un recurso valioso para todos los autores. Children's writer's and illustrator's market de Writer's Digest incluye una lista de editoriales y consejos de escritura.

2. Las reseñas son un método excelente para publicitar tu libro. Ayudan considerablemente a su

libro. Envía solicitudes de regalos, reseñas y entrevistas a todos los blogs y sitios web, sin importar su tamaño.

3. Lee tu libro en una biblioteca infantil local o aporta un ejemplar a un colegio. Puedes dejar los libros en los lugares que frecuentan los niños.

4. Un podcast y un tráiler comercializan eficazmente un libro. El remedio para los niños que son demasiado perezosos para leer es un podcast.

5. Guión - La escritura de guiones se considera totalmente distinta de la escritura de novelas. La mayoría de los libros populares se adaptan en películas y emisiones de radio. Sin embargo, puedes utilizar esta estrategia para publicitar tu libro.

6. La BBC y otras emisoras aceptan propuestas. Sin embargo, la aceptación suele ser difícil. Muchos concursos de guiones también están abiertos a autores aficionados. Los niños disfrutan viendo la televisión.

7. Testimonios Los avales de personas famosas pueden beneficiar a tu libro.

8. Este es un método estupendo para que los niños sepan que su libro ha sido publicado. Esto es más eficaz para la literatura destinada a un público mayor. 9. Anuncie la publicación de su libro en una revista o periódico infantil. Esto puede suponer un coste. Además, puede escribir para una revista infantil o realizar entrevistas para promocionar su libro.

9. Folletos, carteles, etc. - Estos necesitan dinero para imprimirse pero pueden tener éxito, sobre todo con los niños.

10. La publicidad en páginas web que incluyan el contenido de tu libro o un contenido similar al de tu libro aumentará las ventas. La publicidad en la televisión es la técnica más eficaz para atraer la atención de los niños, pero es cara y a los niños puede no gustarles ver anuncios de libros.

11. Aparezca en catálogos de libros infantiles.

Los premios en páginas web y los reconocimientos literarios pueden ayudar a aumentar las ventas de libros. Una vez más, esto es problemático, ya que los premios literarios tienen estrictas normas de selección. A muchos bibliotecarios les gusta comprar publicaciones premiadas. Esto también aumenta la visibilidad del libro.

Muchos jóvenes adquieren el hábito de leer libros de la colección de la biblioteca. Para los niños menores de doce años, la biblioteca escolar es la puerta de entrada al mundo de la literatura.

Asegúrese de que sus libros estén disponibles en las bibliotecas públicas e incluso en las escolares. Los niños tienen un poder adquisitivo limitado, pero si disfrutan de uno de sus libros gratuitos y deciden comprar otros, existe la posibilidad de que lo hagan.

Normalmente, abogaría por las redes sociales, pero si tus obras están destinadas a niños menores de doce años, no tiene sentido. Promuévelo en las páginas web de profesores y alumnos. Recomiéndelo para las tareas de lectura en clase o las semanas del libro. Intente ejercer mucha influencia en las personas y colegios de su entorno.

Como la mayor parte de lo que ven los niños en Internet está filtrado, los sitios web no son muy útiles para ellos. Por lo tanto, tampoco recomiendo la literatura electrónica a los niños. Los adolescentes son más receptivos a los libros electrónicos y están más influenciados por internet. Además, aunque el dinero es esencial, no influye significativamente en las novelas infantiles en relación con las publicaciones para adultos.

# CAPÍTULO 16: UTILIZACIÓN DE CABEZALES PERSONALIZADOS PARA LA PROMOCIÓN.

Algunos individuos venden un producto. Otros constituyen el producto. Para conseguir nuevas posibilidades, debes dedicarte a la autopromoción si eres escritor, cantante, político, artista, estás en el candelero o trabajas por tu cuenta. Tienes un carné de identidad. Tienes folletos dispersos. Necesitas una forma novedosa de llegar a los posibles clientes y electores.

¡Considere las figuras personalizadas!

Por qué pedir cabezales personalizados?

Estas figuritas no sólo ponen su nombre delante del público, sino que también le ponen a usted delante del público. Una estatuilla hecha a mano proporciona un mayor reconocimiento del nombre que un lápiz o una caja de cerillas para un político que quiere mantener la accesibilidad. Si es usted un escritor, artista o músico que compite con otros aspirantes a escritor, pintor o músico para llamar la atención, una estatuilla destaca por encima de los pósteres y los marcapáginas.

Las figuras personales crean una conexión entre usted y su público. Como la cara de la figura suele ser una caricatura, también aporta humor, haciéndole más accesible. Usted no es el senador Smith; es mi agradable y simpático senador Smith. No eres el guitarrista Crash Jones; eres un miembro divertido de una banda fantástica.

Un muñeco personalizado también es poco común. Se le recordará cuando incluya uno en su kit de prensa o lo distribuya en eventos. Como las figuritas son duraderas, los posibles clientes se acordarán de usted mucho después de que se hayan desechado las tarjetas de visita y los calendarios de la competencia.

Cómo hacer publicidad con un muñeco.

Un bobblehead personalizado es un instrumento adaptable. Añádelo a tu kit de prensa. Distribúyelo en conciertos, exposiciones, mítines, convenciones, firmas de libros, festivales y ferias. Utilízalo como premio en concursos de blogs y como regalo en giras online y reales. Inclúyalo en cestas de regalos promocionales, bolsas de regalos y regalos de agradecimiento.

Una estatuilla personalizada de su personaje principal puede atraer a los niños a su mesa durante una firma de libros si es autor de una novela. Sea cual sea su negocio, no dude en utilizar su muñeco como regalo para los más pequeños.

Si se niega, le recordarán como alguien poco amable. Por el contrario, si regala un muñeco a un niño que se lo pide, se le percibirá como un generoso amante de los niños, lo que siempre es una imagen positiva.

Siempre que haga una aparición personal, ya sea en un colegio, en una parada de campaña, en una lectura o en una llamada de ventas, tenga a mano su figurita y el paquete informativo. Nunca se sabe cuándo se presentará una oportunidad de promoción.

Selección de su estatuilla personalizada:

- ¿Qué aspecto debe tener tu muñeco?

- ¿Es un calco de ti mismo, de tu grupo o de tu personalidad?

- ¿Qué acciones debe realizar tu figura?

- ¿Necesitas un telón de fondo?

- ¿Cuánta información necesitas?

A la hora de elegir una productora, busca una que reconozca y promueva tu visión.

Elija una empresa que necesite su consentimiento en cada paso de la producción. Asegúrese de que su muñeco personalizado se fabricará con materiales seguros y duraderos. Tenga en cuenta la experiencia de la empresa, su reputación de calidad y su servicio de atención al cliente.

Cuando usted es el producto, necesita la publicidad más eficaz. Incluya un cabezal personalizado en sus materiales promocionales!

# CAPÍTULO 17: CONSIDERACIONES A TENER EN CUENTA ANTES DE PUBLICAR UN LIBRO ELECTRÓNICO PARA NIÑOS.

Creí que escribir un libro para niños sería sencillo. Empleé mi mente madura. Después de buscar en Internet sugerencias sobre cómo escribir libros para niños, descubrí que no bastaba con sentarse frente al ordenador.

En primer lugar, tenía que establecer el grupo de edad al que quería dirigirme. El vocabulario y los intereses de los niños varían entre los cinco y los ocho años, los nueve y los doce, y los trece y los quince.

Pasé un día en la zona infantil de la librería examinando el lenguaje que podía comprender cada grupo de edad, el tipo y la cantidad de ilustraciones, la longitud de los libros, los temas de interés para cada grupo de edad y cómo los niños de la sección interactuaban con sus selecciones.

A continuación, tuve que decidir en qué género quería escribir (aventura, fantasía, ciencia ficción, experiencia personal, etc.) y los criterios de longitud del libro. Existen descripciones en línea para cada uno de estos factores. Busqué en sitios web de libros de fantasía y ciencia ficción para ver sobre qué temas habían escrito otros autores. ¿Qué novelas fueron premiadas y por qué?

También investigué las tendencias de los estilos gráficos y de imagen utilizados para cada grupo de edad en los sitios web de libros infantiles. Como me estaba preparando para ser profesora, también utilicé los recursos de los profesores para ver qué libros de texto se utilizaban para niños de distintas edades.

Los sitios web de Amazon, Barnes & Noble y Borders también fueron herramientas útiles para demostrar qué libros eran los más populares entre los distintos grupos de edad. El enfoque impreso era demasiado lento, caro e intimidante en esta etapa, así que opté por la autopublicación en línea. En la sección Kindle Book Publishing del sitio web de Amazon, los autores en ciernes de Kindle encontrarán suficiente apoyo.

Para la comercialización de mi libro electrónico, invertí en servicios en línea que te instruyen sobre el uso de blogs, publicidad y tácticas de publicación para atraer compradores a tu libro. Además, aprenderás cómo ponerle precio a tu Ebook, cuántas personas han accedido a la descripción de tu libro y cómo hacer un seguimiento de los rankings de promoción. También puede crear un sitio web para animar a la gente a comprar su libro.

Dependiendo de dónde pretenda vender su libro, deberá darle un formato acorde con las directrices. Siga estas directrices cuidadosamente si desea que su libro se pueda leer sin esfuerzo. He visto libros con símbolos extraños intercalados en el texto. Algunos servicios lo hacen todo a cambio de una tarifa y la opción de hacerlo tú mismo. Utilizando un sitio web, desarrollé una portada para utilizarla con mi descripción en Amazon.

Esto es simplemente una introducción a la escritura, la publicación y la venta de libros electrónicos para niños. Estoy seguro de que puedes encontrar muchos más recursos en línea que te proporcionen la información que necesitas. Deje que su imaginación fluya libremente, pero tenga siempre presente a su público objetivo mientras escribe.

# CAPÍTULO 18: CONSEJOS DE MARKETING DE LIBROS QUE LE AYUDARÁN A VENDER MÁS EJEMPLARES.

Nunca ha habido un libro que se haya vendido sin algún tipo de esfuerzo. Incluso los autores legendarios han tenido que pasar por el aro antes de publicarlo y conseguir un gran número de lectores. Se necesita esfuerzo, perseverancia y estrategias de marketing de libros para pasar de escritor desconocido a autor superventas. He aquí cinco de estas ideas de marketing para tener en cuenta.

1. Aumente su visibilidad en Internet. Si no tiene un sitio web, cree uno. Únase a una comunidad de medios sociales si aún no participa en una. Incluya una página de testimonios en su sitio web, consiga que las personas reseñen su libro en su página de

Facebook, hágase visible en Twitter, considere la posibilidad de organizar sesiones de preguntas y respuestas en Google+ y optimice su sitio web para los motores de búsqueda.

La gente se entera más de los nuevos libros a través de Internet, los amigos, las librerías o los anuncios. Las plataformas de redes sociales han aumentado la cantidad de publicidad de boca en boca, lo que permite a los lectores descubrir nuevos autores. Por lo tanto, amplíe su presencia en Internet.

2. No deje que la tecnología y las tendencias le disuadan de poner en práctica la comercialización de libros electrónicos. Muchos autores ofrecen ahora ediciones en libro electrónico de sus obras. La ficción para adultos ha impulsado los ingresos de los libros electrónicos hasta los 1.270 millones de dólares en un par de años, según BookStats, mientras que las ventas de libros electrónicos para niños se han triplicado en el mismo periodo de tiempo. Con 84 millones de iPads vendidos en todo el mundo y las tabletas de lectura aumentando sus entregas de productos, no

hay que pasar por alto el lucrativo potencial de la comercialización de libros electrónicos.

3. Confíe a un experto su estrategia de libros electrónicos. Puede recibir muchos envíos de su libro a sitios web de marketing de libros electrónicos de primer nivel, campañas en Twitter y otros esfuerzos estratégicos, como un concurso para una reseña de fans, por el gasto más barato posible para aumentar la exposición de su libro.

4. Explora tu libro en la web. Promocione su libro en sitios de blogs asociados a su género o mercado específico. Este es un método maravilloso para atraer a la gente hacia tu libro y ayudarles a difundirlo en sus redes. Cuando amplías una comunidad, acabas amasando seguidores.

5. Desarrolle su reputación en Internet y conviértase en una autoridad. Esto es especialmente importante para los autores de libros de autoayuda y de instrucciones. Desarrolle vídeos en la web. Aprende a ser activo en LinkedIn Answers.

6. Nunca dejes pasar la oportunidad de responder a las preguntas de los fans sobre tu libro. Cuando consigas el suficiente reconocimiento de tus credenciales y experiencia en un tema concreto, tu libro (o libros) se impulsará sin dificultad.

Comercializar un ebook o un libro para el mercado online puede tener resultados lucrativos. Sólo tiene que esforzarse. Sea hábil con la web. Apóyese en un especialista para que le ayude con sus campañas. Desarrolle su marca y, quién sabe, tal vez el libro que terminó hace muchos años le ayude a convertirse en un autor superventas en la actualidad.

# CAPÍTULO 19: ERRORES DE PROMOCIÓN DE LIBROS QUE HAY QUE EVITAR.

Hay cientos de profesionales que escriben, bloguean y hablan sobre lo que los autores deben hacer para vender sus novelas, pero a veces, los autores también necesitan escuchar lo que deben evitar hacer.

He recopilado un puñado de las historias más locas que he oído sobre autores que escriben o promocionan sus novelas, y aunque puedan parecer ridículas, te aseguro que todas son ciertas. En el caso de que puedas estar en el camino de la autoría loca, aquí tienes algunos consejos sobre lo que no debes hacer:

Errores de las librerías:

Estas dos historias me las contó un amigo gerente de una librería:

Hemos decidido tener en consignación el libro de este autor. Mientras un libro se venda, seguiremos almacenándolo. Sin embargo, un autor no vendió ningún libro, por lo que le informé de que no podíamos seguir almacenando su libro después de seis meses.

Me informó de que había vendido veinte libros en mi tienda. Le informé de que los ocho libros que le habíamos robado en un principio seguían estando presentes. Dijo que había estado renovando la pila cada dos semanas.

No tenemos un sistema de inventario informatizado, por lo que, cuando renovó su pila, no teníamos ningún método para hacer un seguimiento de los libros que se habían vendido. Por lo tanto, no puedo pagarle por esos volúmenes. En conclusión, antes de dejar libros nuevos en la tienda, verifícalo con el encargado de la librería.

Colocamos los libros de un autor local en la sección de libros locales. Cuando un día entré en la tienda, todos sus libros estaban expuestos junto a los más vendidos en la mesa de delante. Los devolvieron a la sección de autores locales.

Cuando se repitió la situación, le insistí a la autora en que los compradores que buscaban libros locales tendrían dificultades para localizar sus obras si no estaban en la zona, pero esto no pareció cambiar las cosas.

Cuando volví a la oficina unos días más tarde, sus libros estaban de nuevo en la mesa principal. Después de reubicarlos varias veces, llamé a la autora y le informé de que ya no venderíamos sus libros.

Festivales:

Esta historia la compartió conmigo un escritor que asistió a una feria de arte:

Compartí mesa en una feria de arte con otra autora. Su historia había sido adaptada recientemente a un audiolibro. Como medio de autopromoción, decidió llevar auriculares para que cualquiera pudiera pasar por allí y escuchar el audiolibro. Sin embargo, no se detuvo ahí.

Se quedó fuera de la cabina y se abalanzó sobre los transeúntes, colocándoles los auriculares en la cabeza sin permiso y gritando: "¡Escuchen mi libro!". Impidió que la gente se acercara a la caseta para ver mi libro, y cuando vieron lo que estaba haciendo a otros visitantes inocentes, empezaron a desviarse de su camino para evitarnos.

Entrevistas:

No puedo contar el número de veces que he escuchado lo siguiente de los autores durante las entrevistas. Esto no hace feliz al entrevistador:

"¿Por qué tu personaje María decide en su novela?".

Para descubrirlo, tendrás que leer el libro.

"Sin embargo, ¿puede decirnos por qué decidió que María lo hiciera?".

"No, me temo que revelaré demasiada información. Para descubrirlo, tendréis que leer el libro".

Si un autor no puede hablarme de su libro, no me interesará leerlo.

Introducción a los libros:

Un autor escribió lo siguiente en el párrafo inicial de su introducción:

Se me ocurrió que los escenarios de mi novela y el mundo de fantasía que he construido serían primero desconcertantes y difíciles de seguir para los lectores, así que decidí escribir esta introducción para explicar todo y que puedan seguir la trama.

Decirle a un lector que tu libro es confuso no te ayudará a vender más ejemplares; si tu libro es confuso, deberías seguir revisándolo en lugar de publicarlo.

Libros para niños:

A pesar de su incredulidad, algunos autores no saben lo que es propio de un libro infantil. Me enteré de un autor cuyos protagonistas animales investigaban un asesinato. Peor aún, la víctima del asesinato era una mujer, y su marido y su amante eran los principales sospechosos. Espero que el asesinato y el adulterio sean temas inapropiados para los jóvenes.

Páginas web:

Podría enumerar otros errores que cometen los autores en sus sitios web, pero este autor tiene que ganarse el premio al cuento más raro de la historia. Esto es una ligera paráfrasis de una publicación que vi en el sitio web de un autor, pero representa lo que he oído de más de un autor (de ahí los espacios en blanco):

Si quieres comprar mi libro, no puedo enviártelo por correo porque _____ [la oficina de correos, el Gobierno de los Estados Unidos, la Liga del Mal, los extraterrestres que dirigen secretamente nuestro planeta, etc.] roba los libros que he enviado a propósito para que la gente no se entere de la verdad sobre _____ [Pie Grande, el Rey Arturo, el Triángulo de las Bermudas, Jesús, etc.]. Así que lo he convertido en un eBook descargable en mi página web.

Posiblemente, como autor, tus libros no se están vendiendo como te gustaría, y te estás preguntando qué estás haciendo mal. Sin embargo, después de leer estas anécdotas, estoy seguro de que podrás felicitarte por el hecho de que estás haciendo al menos algunas cosas correctamente.

# CAPÍTULO 20: PROMOCIONA TU LIBRO EN TU BARRIO.

El marketing online es una forma fantástica de vender tu libro a un público global, pero los escritores suelen ignorar las alternativas de marketing local de libros. Puedes destacar como un pez más grande en un estanque más pequeño en tu barrio y región. Aquí tienes cinco estrategias para promocionar tu libro a nivel local:

1. Lleve siempre consigo la lectura y los libros. Lleve una caja de libros, algunos folletos en el maletero de su vehículo y tarjetas de visita en su cartera. Nunca se sabe cuándo se encontrará con un posible cliente o contacto de marketing.

2. Considere las oportunidades que se presentan en su región. ¿Va a hacer un viaje de fin de semana o a ver a su abuela? Realice una investigación

preliminar para encontrar librerías, negocios y bibliotecas en la zona que pueda visitar u organice su gira de libros, quedándose con familiares y amigos a lo largo de la ruta.

3. Promuévete en las librerías y bibliotecas como autor local. Muchas librerías y bibliotecas cuentan con una sección que destaca las obras de autores locales o regionales.

4. Considere la posibilidad de recurrir a minoristas alternativos que encajen bien. Considere qué tipo de tiendas son relevantes para el tema de su libro y anúncielo como la obra de un autor local.

5. Pegue pegatinas de "autor local" en los libros que vende en su comunidad.

6. Habla en las bibliotecas. Ponte en contacto con las bibliotecas para hacer una presentación sobre el tema de tu libro. Esto es especialmente útil para los libros infantiles y los títulos de no ficción con un amplio atractivo (como los viajes, los negocios o el fitness). Muchas bibliotecas le permitirán vender sus

libros durante su charla y otras tienen fondos para compensar a los oradores.

7. Encuentre más oportunidades para dar charlas. Hablar es una forma estupenda de dar a conocer su libro; una vez que adquiera experiencia, es posible que incluso le paguen por hablar. Muchas organizaciones, entre ellas organizaciones empresariales y cívicas, grupos religiosos, escuelas y universidades, asociaciones comerciales y otras, buscan presentadores atractivos para sus reuniones.

8. Busque publicidad en los medios de comunicación regionales y locales. Envíe un comunicado de prensa anunciando su nuevo libro a los medios de comunicación de su ciudad natal y de su residencia actual. El enfoque de "la chica local hace el bien" es especialmente eficaz en las comunidades más pequeñas.

9. Cree notas de prensa basadas en vínculos regionales, como una novela ambientada en la zona y acontecimientos actuales. No olvide incluir el boletín de sus alumnos y cualquier organización cívica o

profesional a la que pertenezca. Los autores de no ficción deberían considerar los programas de debate en radio y televisión.

10. Participe en ferias y festivales del libro. Normalmente, funcionan mejor si su libro está relacionado con el tema del evento o tiene un amplio atractivo.

11. Promueva la literatura infantil a través de escuelas y organizaciones juveniles. Las visitas a los colegios son un método estupendo para llegar a los niños.

# CONCLUSIÓN.

Crear y promocionar cualquier libro, sobre todo uno infantil, es todo un reto. Aunque la publicación tradicional sea difícil, la autopublicación puede llevar al éxito. Antes de asumir que escribir un libro infantil es la mejor opción, es necesario estudiar el mercado actual.

Hay una infinita selección de libros para niños. A diferencia de los libros convencionales para adultos, las tiendas de dólar y las tiendas de gangas tienen un vasto surtido de libros para niños. A pesar de su deseo de que sus hijos reciban una educación, muchos padres prefieren gastar una cantidad limitada de dinero en libros.

Como se ha indicado anteriormente, la competencia por los libros infantiles es muy fuerte. A menudo, un autor conocido o una historia atractiva, sobre todo para lectores jóvenes o adultos, impulsa la venta de un libro infantil de 15 dólares. En consecuencia, muchas editoriales son cautelosas.

Por ello, muchas editoriales importantes optan por seguir trabajando con los mismos autores o recurrir sólo a agentes. Sin embargo, no deje que esto le desanime. Muchas editoriales están dispuestas a arriesgarse con nuevos autores, y usted puede ser uno de ellos.

Muchos aspirantes a autores que quieren ser publicados prefieren escribir libros infantiles porque creen que tienen más posibilidades de generar más dinero. A pesar de la posibilidad de variación, los autores de novelas más largas y otros libros suelen recibir una mayor compensación. Entonces, ¿es esto un hecho?

Es posible escribir un libro para niños con mayor rapidez; por lo tanto, se puede escribir más, pero es fundamental destacar que se debe dedicar la misma cantidad de tiempo y consideración a cada libro. Además, al escribir para niños, es posible que pueda producir más libros, pero deben publicarse antes de poder ganar con ellos.

Si decide publicar un cuento para niños, es fundamental no limitarse. Cuando mucha gente piensa en la literatura infantil, suelen venir a la mente inmediatamente los libros ilustrados y los libros de cartón.

Además de las publicaciones para jóvenes, existen libros para lectores principiantes, como los libros de corta duración. Recuerde esto cuando intente escribir su primer libro para niños, ya que puede gustarle experimentar.

Como ya hemos dicho, escribir y publicar un libro infantil no es necesariamente más sencillo, pero eso no significa que sea imposible. En lugar de centrarse en lo sencillo que sería publicar un libro o en la cantidad de dinero que podría anticiparse a ganar, se le anima a escribir sobre lo que sabe o disfruta. Cuando te apasionan las palabras que escribes y el relato que construyes, tienes muchas más posibilidades de alcanzar el éxito.

Con la llegada del software y las aplicaciones de impresión bajo demanda, producir y publicar un libro es ahora más fácil. Escribir un libro para niños no es tan sencillo como se cree, y conseguir que se publique a través de los canales tradicionales es una de las tareas más difíciles de la industria editorial.

Habilidades de gestión para directivos.

1. Gestión del tiempo para directivos
2. Coaching de empleados para directivos
3. Creación de equipos para directivos
4. Confianza en sí mismo para directivos
5. Habilidades de negociación para directivos
6. Habilidades de atención al cliente para directivos
7. Asertividad para directivos
8. Etiqueta empresarial para directivos
9. Habilidades de escucha para directivos
10. Habilidades de liderazgo para directivos
11. Habilidades de comunicación para directivos
12. Habilidades de presentación para directivos
13. Gestión del estrés para directivos
14. Toma de decisiones para directivos
15. Gestión de conflictos para directivos.

Serie: Libertad financiera a cualquier edad.

- Lograr la libertad financiera a los 20 años
- Conseguir la libertad financiera a los 30 años
- Conseguir la libertad financiera a los 40 años
- Conseguir la libertad financiera a los 50 años
- Conseguir la libertad financiera a los 60 años
- Alcanzar la libertad financiera a los 70 años y más.
- Conseguir la libertad financiera en los niños
- Lograr la libertad financiera en los adolescentes
- Lograr la Libertad Financiera en los estudiantes universitarios.
- Estafas financieras a tener en cuenta en la jubilación.

Serie: Finanzas personales para usted.
- ➢ Compra y venta de criptomonedas para principiantes
- ➢ Por qué tiene sentido invertir en acciones de dividendos.

Serie: Riqueza 2022.

- ➢ Emprendimiento en línea.
- ➢ Empezar su propio negocio
- ➢ Gestión de la riqueza
- ➢ Ingresos pasivos.
- ➢ 12 pasos para iniciar su propio negocio.

Serie: Excelente servicio de atención al cliente.
- ➢ Excelente servicio de atención al cliente en el comercio minorista
- ➢ Excelente servicio de atención al cliente en comida rápida
- ➢ Servicio de atención al cliente excelente en restaurantes de servicio completo
- ➢ Excelente Servicio al Cliente en la Enseñanza
- ➢ Excelente servicio de atención al cliente en el sector inmobiliario

- Excelente Servicio de Atención al Cliente en un Centro de Llamadas
- Excelente Servicio de Atención al Cliente como Recepcionista
- Excelente Servicio al Cliente en un Hotel
- Excelente Atención al Cliente en la Venta
- Excelente Atención al Cliente sin importar la situación
- Excelente Atención al Cliente en Consultorio Dental
- Excelente Atención al Cliente en Consultorio Médico.

Serie: Dinero rápido.

- Dinero rápido en una semana
- Dinero rápido en un fin de semana
- Dinero rápido en un mes
- Dinero rápido para estudiantes.

Serie: Cómo promocionar.

- Cómo hacer que su negocio prospere durante una recesión
- Cómo promocionar su libro de recetas
- Cómo promocionar su libro infantil.

## Biografía del autor

D.K. Hawkins  A D.K. le gusta leer libros de negocios personales, así como pasar tiempo al aire libre. Más libros vendrán en esta colección, así que por favor siga en Amazon para más libros.

Gracias por su compra de este libro.

Honestamente lo aprecio y te aprecio a ti, mi excelente cliente.

Que Dios le bendiga.

D.K. Hawkins.

www.ingramcontent.com/pod-product-compliance
Lightning Source LLC
Chambersburg PA
CBHW050011230526
45465CB00003BB/1369